AF462074

PROJETS D'ARCHITECTURE ET AUTRES PRODUCTIONS DE CET ART,

QUI ONT MÉRITÉS LES GRANDS PRIX

Accordés par l'Académie, par l'Institut national de France, et par des Jurys du choix des Artistes ou du Gouvernement.

PRIX.

Papier ordinaire. . . . . 100 fr.
Papier grand Colombier d'Hollande. 120
Le même lavé à l'encre de la Chine. 500

A PARIS,

CHEZ DÉTOURNELLE, RUE DU THÉATRE-FRANÇAIS, F.-ST.-G. N°. 38.

DE L'IMPRIMERIE DE J. CHARLES, RUE DE SEINE, F.-ST.-G. N°. 16.

1806.

TABLE GÉNERALE

DES PROJETS GRAVÉS DANS CE VOLUME,

Contenant cent vingt Planches et un Frontispice.

Numéros.	PROJETS.	DÉTAIL DES PROJETS.	NOMS DES AUTEURS.	Numéros.	PROJETS.	DÉTAIL DES PROJETS.	NOMS DES AUTEURS.
1	Orangerie	Plan général	De Lagardette.	61		Élévation et Coupe	
2		Coupe et Élévation		62	Cénotaphe	Plan général	Gasse.
3	Salle de Spectacle	Plan, Élévation et Coupe	Lahure.	63		Élévation et Coupe	
4	Colonne rostrale	Élévation	Normand.	64	Cénotaphe, 2e prix	Plan général	Grandjean.
5		Plan et Coupe		65		Plan particulier	
6	Galerie de Souverains	Plan et Coupe de la Galerie	De Lagardette.	66		Élévation	
7		Coupe de la Galerie et du grand Escalier		67		Coupe	
8	Galerie, 2e prix	Plan	Normand.	68	Cénotaphe, 3e prix	Plan général	
9		Coupe de la Galerie		69		Élévation et Coupe	
10		Coupe du grand Escalier		70	École des Beaux-Arts	Plan	Vallot.
11		Détail de la Galerie		71		Élévation	
12	Halle sur le bord d'une gare	Plan général	Normand.	72		Coupe	
13		Plan particulier de la Halle		73	École des Beaux-Arts, 2e prix	Plan	Ménager.
14		Élévation		74		Élévation	
15		Coupe		75		Coupe	
16	Lycée	Plan	[illegible]	76	École des Beaux-Arts, 3e prix	Plan	[illegible]
17		Élévation		77		Élévation	
18		Coupe		78		Coupe	
19	Marché principal	Plan	[illegible]	79	Colonne	Élévation	[illegible]
20		Élévation et Coupe		80		Plan et Coupe	
21	Marché 2e prix	Plan		81	Colonne nationale	Élévation	Moreau.
22		Élévation et Coupe		82		Plan et Coupe	
23	Arc de triomphe	Élévation	Moitte.	83	Colonne pour la place Vendôme	Plan, Élévation et Coupe	Sobre.
24	Arènes couvertes	Plan	Gaucher.	84	Aqueduc	Plan, Coupe, Élévat., Perspec.	Jean-Ant. Alavoine.
25		Élévation perspective		85	École de Navigation	Plan général	Hip. Lebas.
26		Coupe		86		Élévation et Coupe	
27	Temple à la Félicité publique	Plan et Coupe	Durand et Thibault.	87	Prytanée	Plan	Gasse.
28		Élévation perspective		88		Élévation et Coupe	
29		Coupe sur la longueur		89	Prytanée, 2e prix	Plan général	Labarre.
30	Obélisque	Élévation et Plan	Sobre.	90		Élévation	
31	Temple décadaire	Plan	Durand et Thibault.	91		Coupe	
32		Élévation et Coupe		92	Arsenal	Plan général	[illegible]
33	Maison commune	Plan	Durand et Thibault.	93		Élévation et Coupe	
34		Élévation et Coupe		94	Cénotaphe à Newton	Plan	Gay.
35	Tribunal	Plan	Vignon.	95		Élévation	
36		Élévation et Coupe		96		Coupe	
37		Coupe sur la longueur		97	Cénotaphe à Newton, 2e prix	Plan	Labadye.
38	Prison	Plan	Détournelle.	98		Élévation	
39		Élévation et Coupe		99		Coupe	
40	Fontaines et Lavoirs	Élévation et Plan	Durand et Thibault.	100	Basilique	Plan	Hip. Lebas.
41	Arc de triomphe	Élévation perspective	Sobre.	101		Élévation	
42	Monument à la Victoire	Élévation perspective	Faivre.	102		Coupe	
43	Monument à la Concorde	Plan général	Tardieu.	103	Forum	Plan général	Famin.
44		Élévation		104		Élévation générale	
45	Grenier public	Plan au Rez-de-Chaussée	Dubut.	105		Élévation de l'Arc	
46		Au 1er Étage		106		Coupe de l'Arc	
47		Élévation et Coupe		107	Monument à Desaix	Élévation	[illegible]
48	Grenier public, 2e prix	Plan au Rez-de-Chaussée	Caristie.	108		Plan et Bas-relief	
49		Au 1er Étage		109	Monument à Desaix, 2e prix	Plan et Élévation	Vignon.
50		Élévation et Coupe		110	Monument à Desaix, 3e prix	Plan et Élévation	[illegible] et Grandjean.
51	Grenier public, 3e prix	Plan au Rez-de-Chaussée	Lesueur.	111	Foire publique	Plan général	[illegible]
52		Élévation et Coupe		112		Élévation particulière générale	
53	Grenier public, 4e prix	Plan au Rez-de-Chaussée	[illegible]	113		Coupe	
54		Au 1er Étage		114	Port de Navigation	Plan général	[illegible]
55		Élévation et Coupe		115		Élévation générale	
56	Phare	Élévation, Plan et Coupe	Hip. Lebas.	116		Coupe générale	
57	Colonne	Élévation perspective	Jean-Ant. Alavoine.	117		Élévation du Monument	
58	Bourse	Plan	[illegible]	118		Coupe du Monument	
59		Élévation et Coupe		119	Établissement pour six Familles	Plan général	[illegible]
60	Bourse, 2e prix	Plan	[illegible]	120		Élévation et Coupe	

Nota. Les grands Prix se trouvent chez Détournelle, architecte, [illegible], rue du Théâtre français, N° 28. — Le Cahier de six feuilles, grand in-folio, papier ordinaire, 5 liv. Hollande 6 l. lavé 25 l. — Recueil de l'Architecture nouvelle, par Détournelle, le Cahier petit in-folio de six feuilles, papier ordinaire 3 liv. Hollande 6 liv. Lavé 30 l. vélin [illegible] grand papier ordinaire [illegible] grand papier d'Hollande [illegible] — Nouveau Vignole, ou Élémens d'Architecture, par le même, ouvrage de 10 planches, grand in-4°, utile aux élèves, et aux ouvriers en bâtiment. Les 10 planches, [illegible] l'exemplaire. — La Charpente de Philibert de Lorme, démontrée par le même, en deux planches, grand in-folio, Hollande 2 l. Lavé 7 l.

P. VITRUVE
PALAIS DE L'ACADEMIE DE FRANCE A ROME
B. VIGNOLE
GRANDS PRIX
D'ARCHITECTURE
Projets couronnés par
L'ACADEMIE D'ARCHITECTURE
et par
L'INSTITUT DE FRANCE.
Gravés et publiés
par
Allais, Détournelle et Vaudoyer.
A PARIS.
M. DCCCVI.
L. B. ALBERTI
PALAIS DES BEAUX ARTS A PARIS
A. PALLADIO

[illegible]

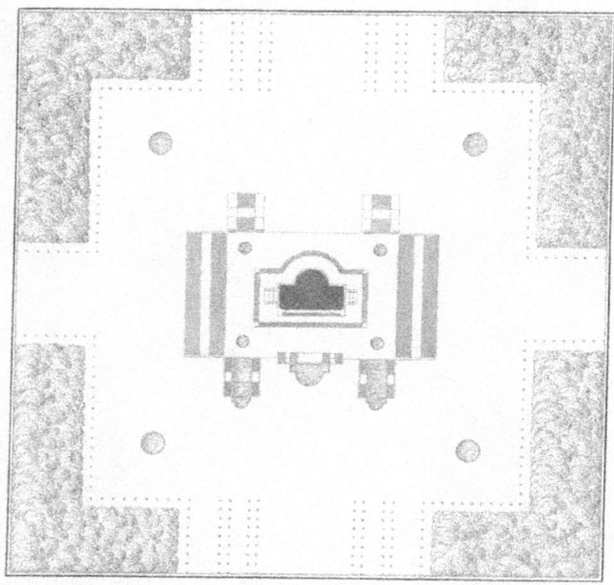

Échelle du plan général

Échelle du plan détaillé

PROGRAMME.

[illegible]

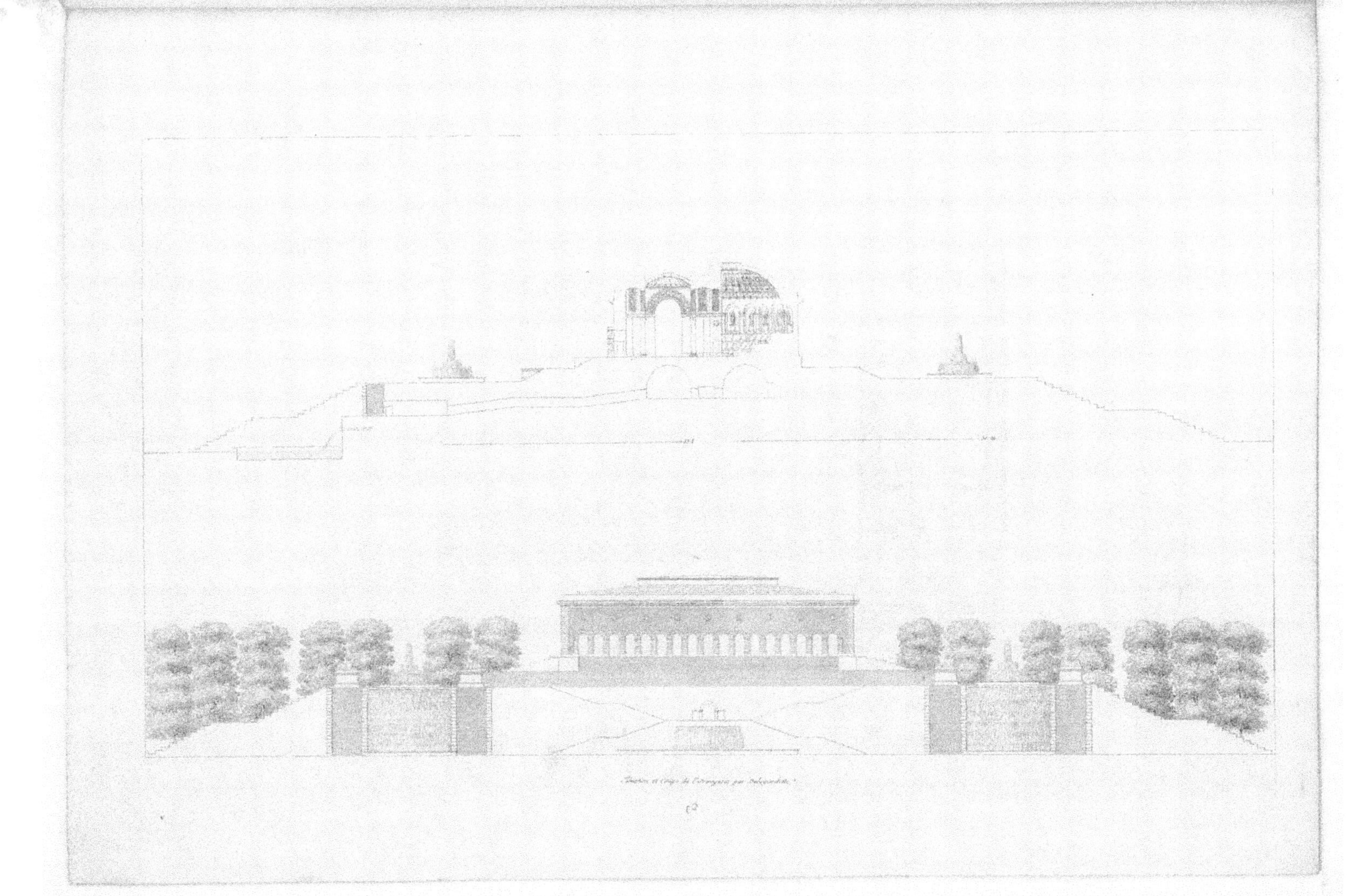

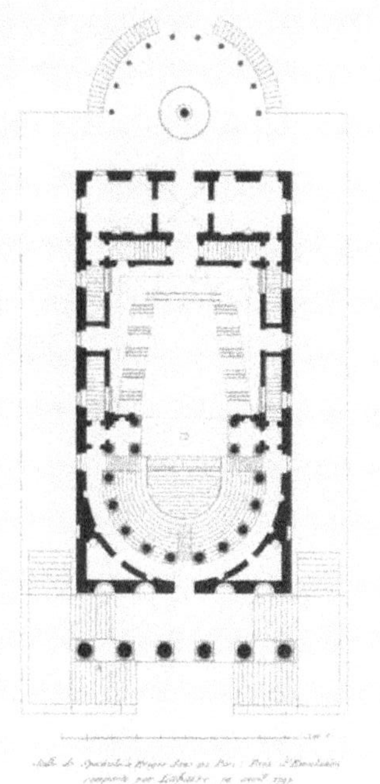

COLONNE ROSTRALE

Prix d'émulation. [illegible]

Académie d'Architecture, par [illegible] 1791

4

PROGRAME

Colonne rostrale élevée à l'Entrée d'un Port
et servant de Phare pour éclairer les Vaisseaux.

N°

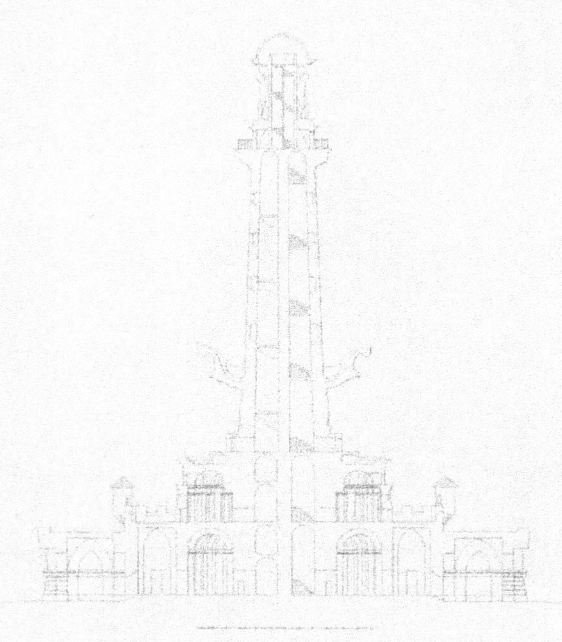

5

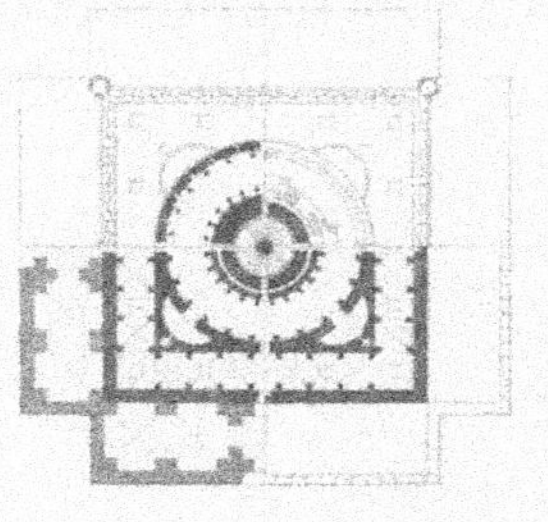

Plan et coupe de la colonne rostrale par [illegible]

GALERIE PUBLIQUE

dans un Palais de Souverain

Sujet du grand prix proposé par l'Académie d'Architecture et remporté par Delagardette, en 1791.

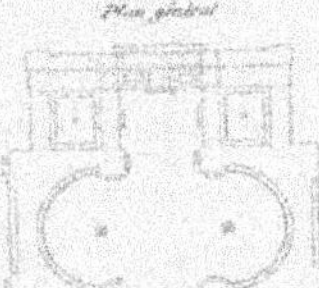

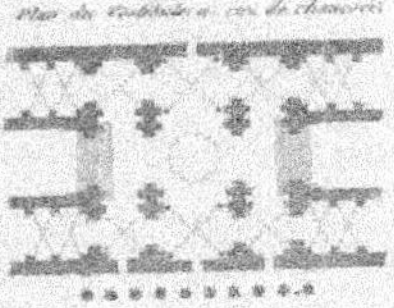

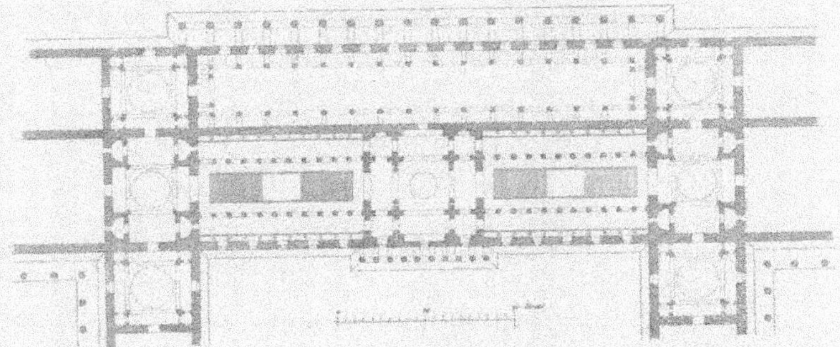

PROGRAME

Cette Galerie sera supposée au premier étage; Elle sera précédée d'une salle des gardes, d'un Vestibule au 1er étage, au rez de chaussée d'un grand escalier et d'un premier Vestibule.
la Galerie aura 50 Toises de longueur; les autres dimensions sont à volonté

Coupe de la galerie sur l'Orangerie.

Coupe du grand Escalier.

Galerie publique dans un palais de Souverain

Sujet du Grand prix remporté par Normand en 1792.

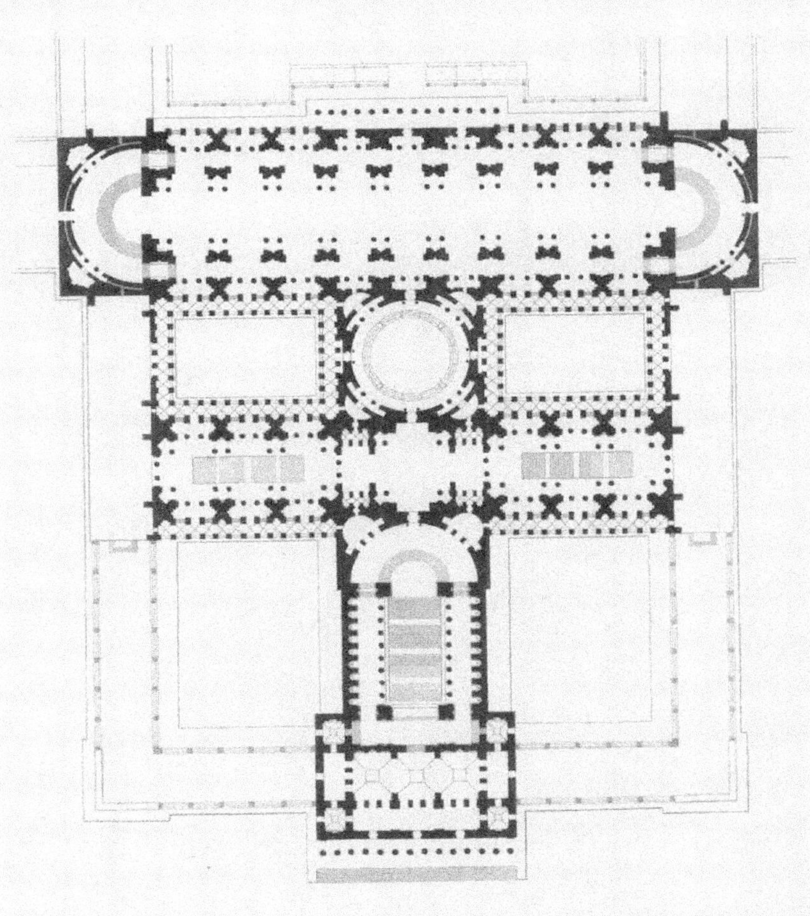

8

Coupe de la Galerie par [illegible]

9

Coupe du grand axe de la Galerie par [illegible]

10

Détail de la Galerie par Normand

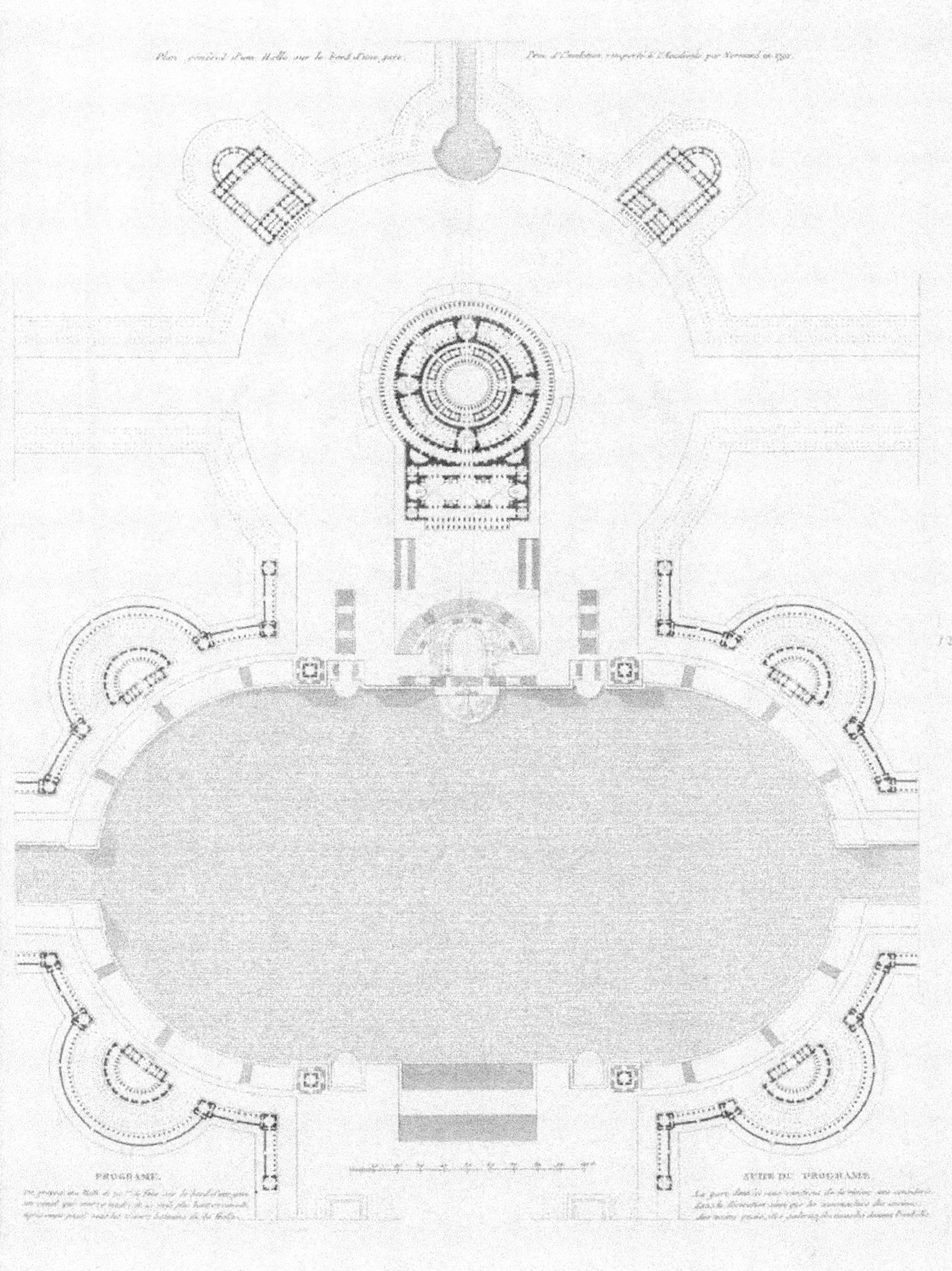
Plan général d'une Halle sur le bord d'une gare.
Prix d'Emulation remporté à l'Académie par Normand en 1791.
PROGRAME.
SUITE DU PROGRAME.
12

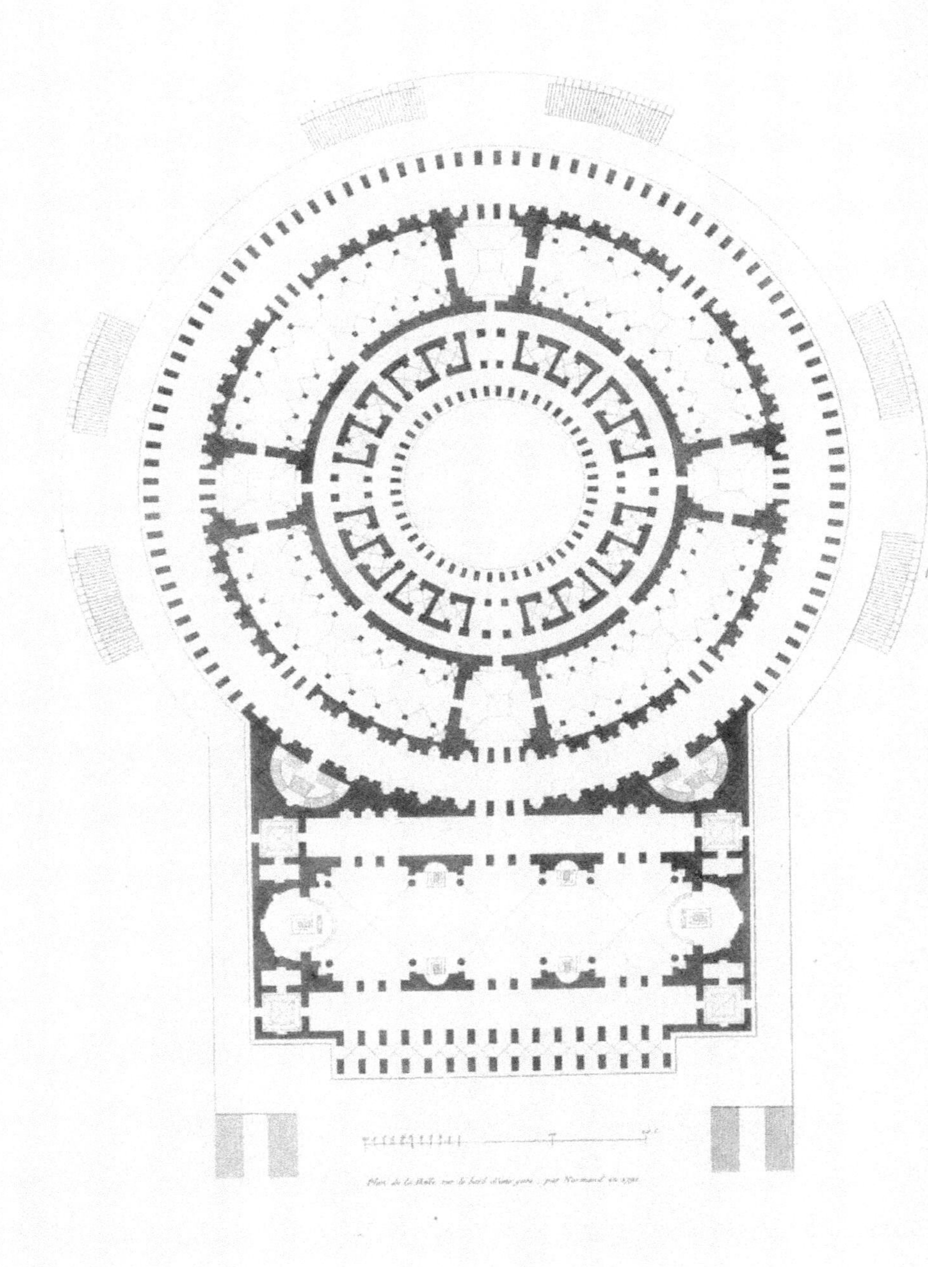

13

Plan de la Halle sur le bord d'une gare, par Normand en 1791

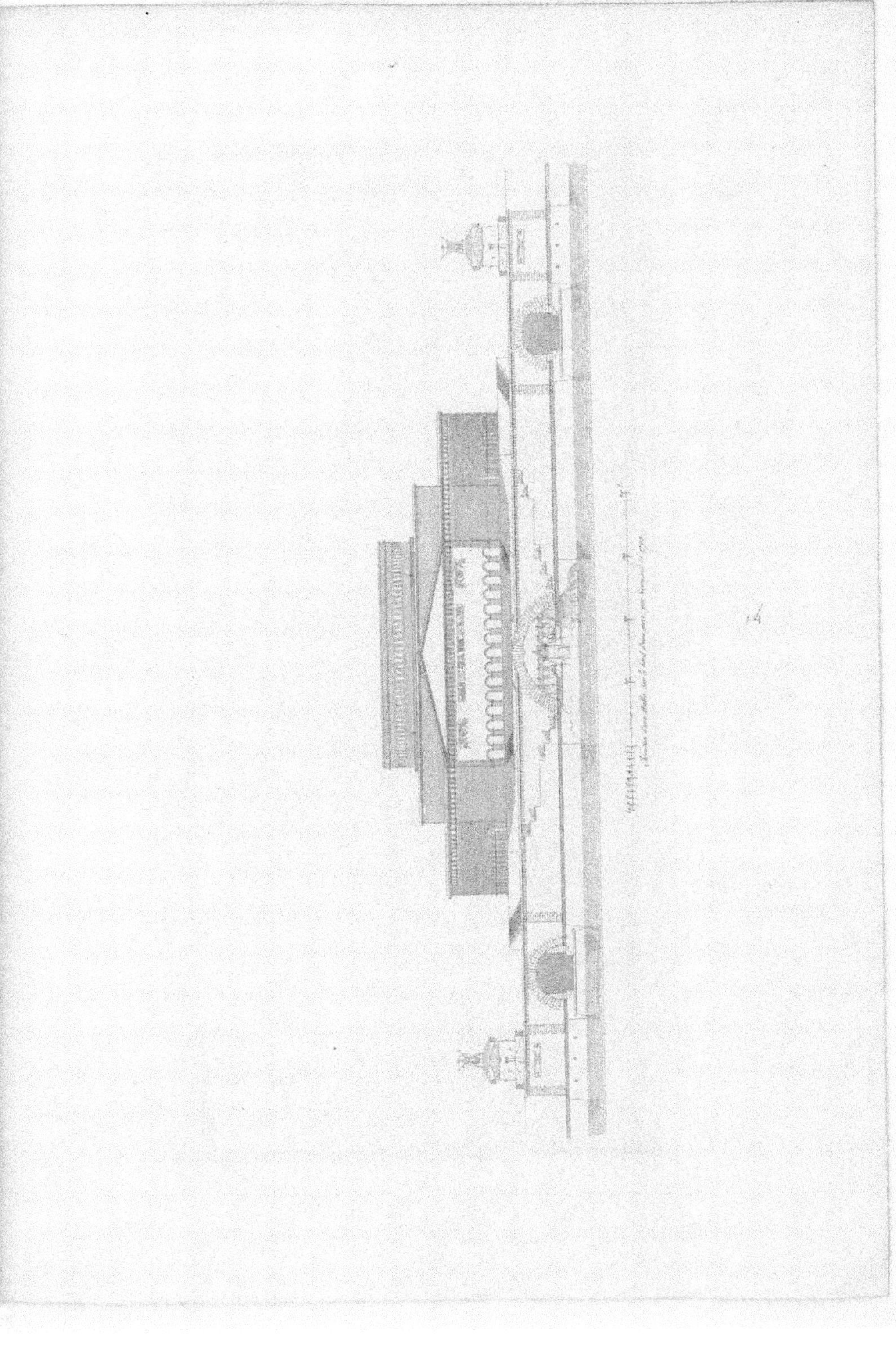

PRISON.

Prix d'Émulation remporté par Bellet en [illegible]

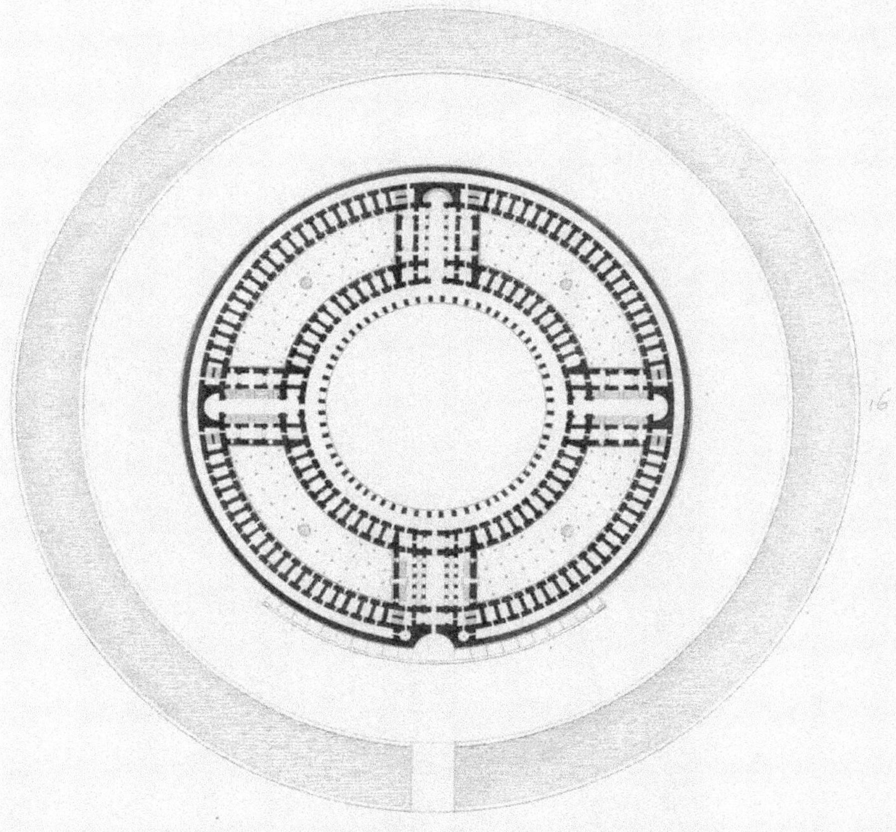

PROGRAME.

On demande une Prison pour une grande Ville, elle contiendra une Conciergerie ou Geôle, des Cachots, Salles de réunion pour l'hiver, Salle d'interrogatoire et une chapelle. Il y aura un grand et plusieurs petits Préaux. Cet Édifice sera isolé et entouré d'un chemin de ronde.

Élévation de la Prison, par Rollet.

17

Coupe de la Prison par Baltard.

18

MARCHÉ PRINCIPAL, pour une très grande Ville.

Sujet du grand prix proposé par l'Académie d'Architecture et remporté par Normand en 1792.

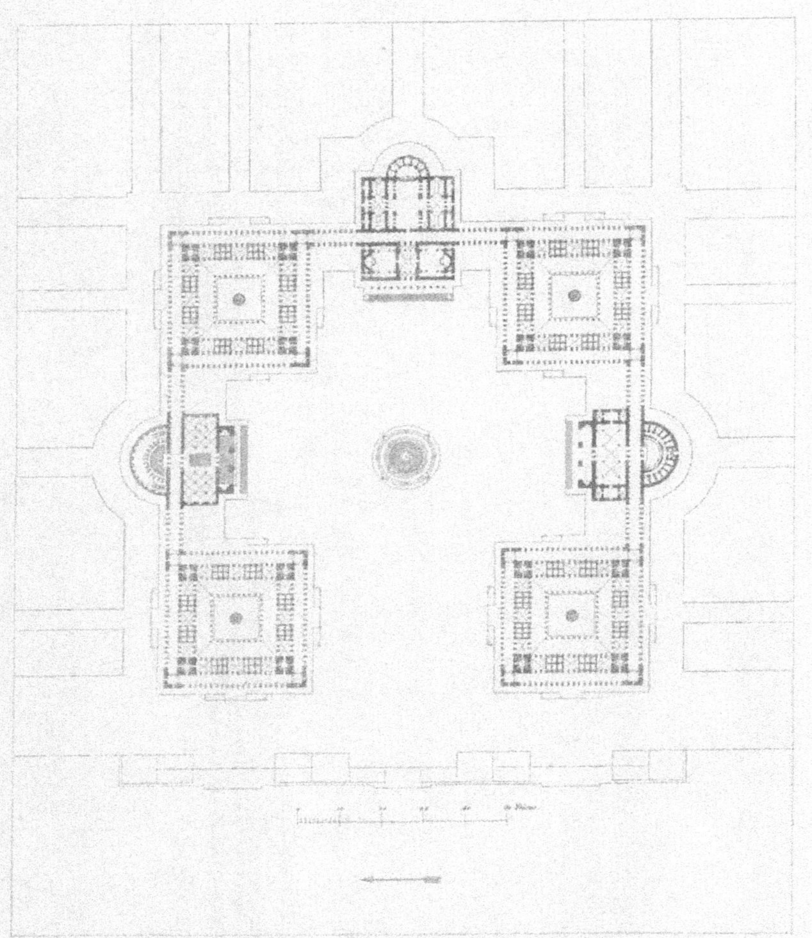

PROGRAMME

Le terrain sera de 4000 toises de superficie, on sera libre sur sa forme et ses dimensions. ce marché aura des hangars pour la vente des denrées comestibles. le Plan comprendra dans sa distribution un bâtiment pour un tribunal de paix, et un de police correctionnelle, un corps de garde, une fontaine principale et plusieurs autres dans les diverses divisions.
On emploiera pour ces monuments le style d'architecture simple et mâle qui leur est convenable.

Élévation et coupe du marché par Bramante

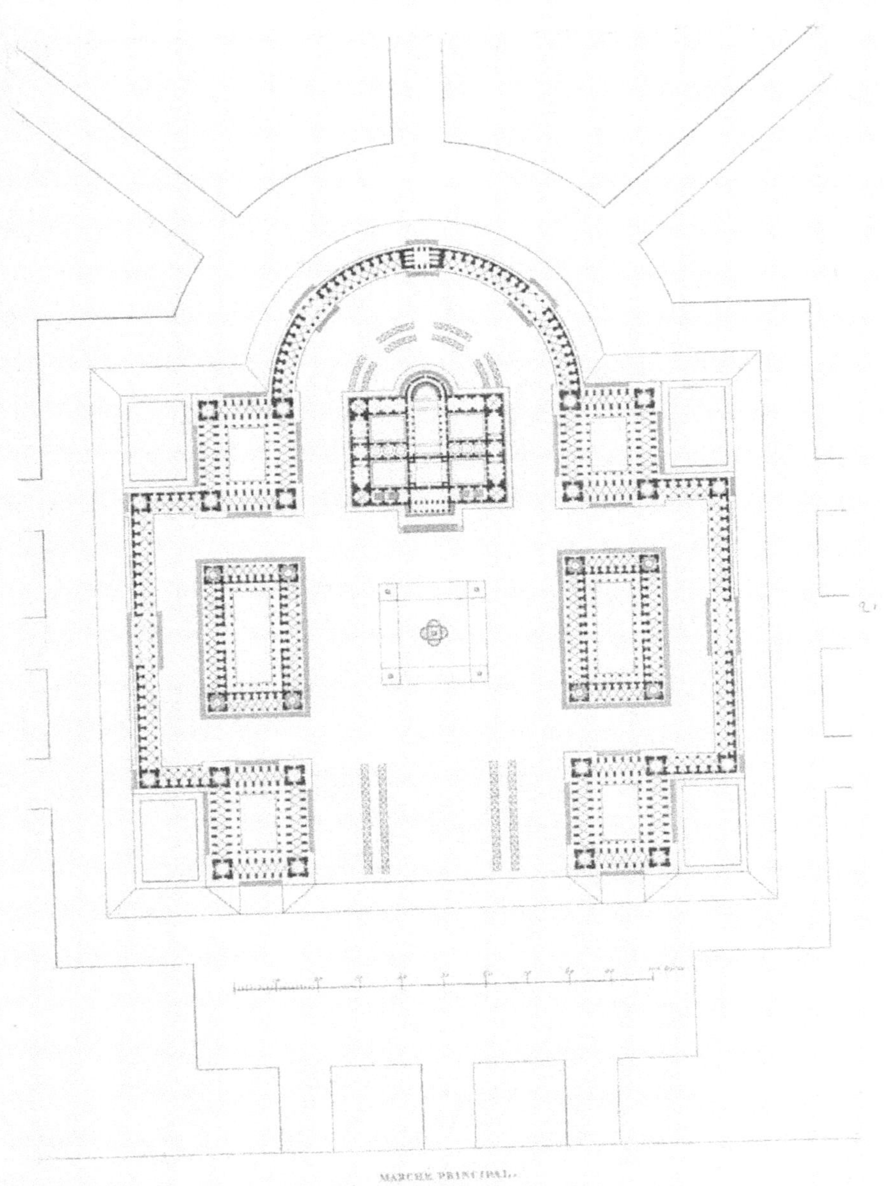

MARCHÉ PRINCIPAL,

pour une très grande Ville, 2.me prix obtenu par Bergognon, en 1792.

Élévation et Coupe du marché par Bezagnon

22

ARC DE TRIOMPHE.

Sujet d'un Prix proposé par le Gouvernement dans un Concours public et remporté par Philibert Moitte en 1792 l'An 1er de la République.

PROGRAME.

L'Histoire a choisi ce Monument [illegible]

[illegible]

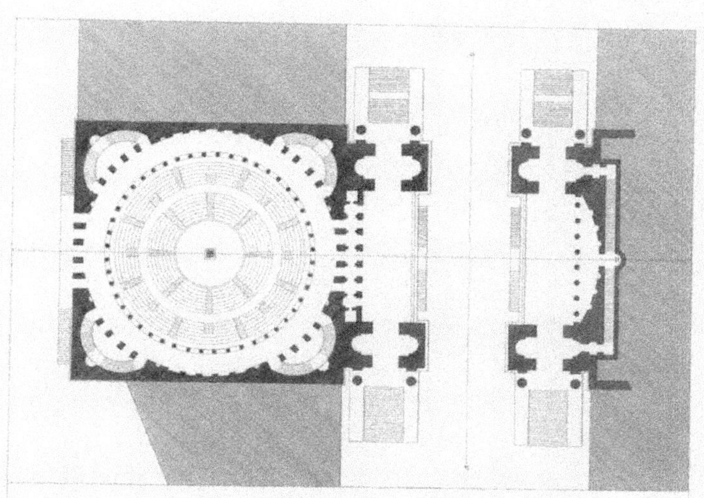

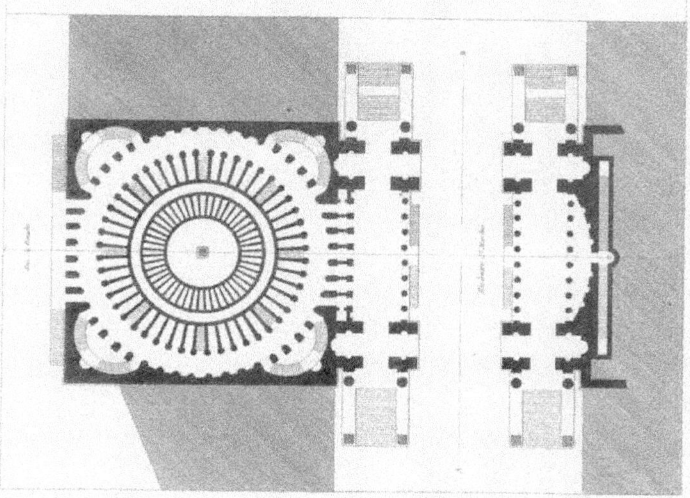

Première perspective de l'Arc de Triomphe, faisant partie du projet d'Arrieux, par Lafitte.

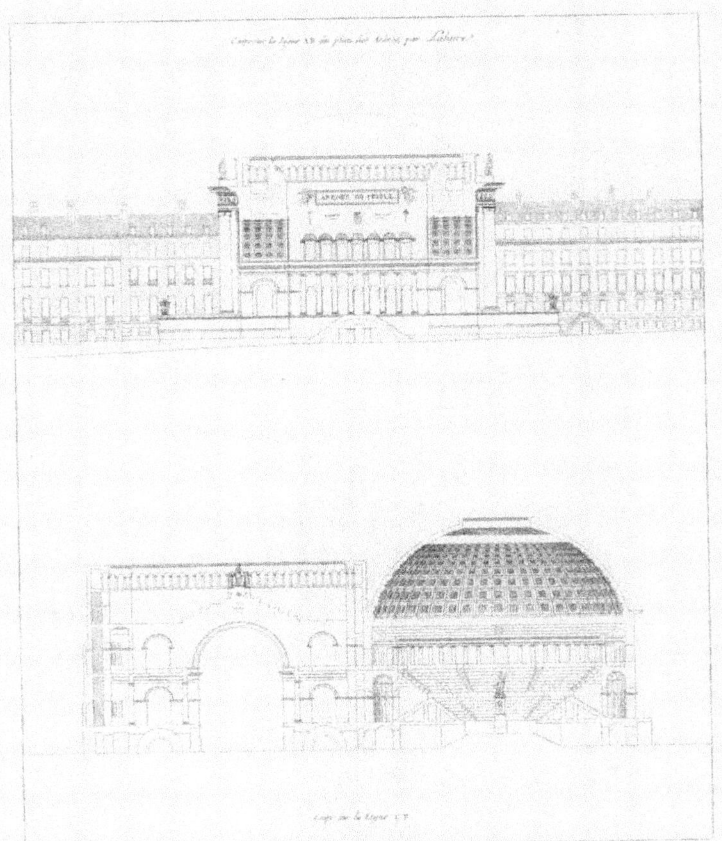
ARÈNES DU PEUPLE

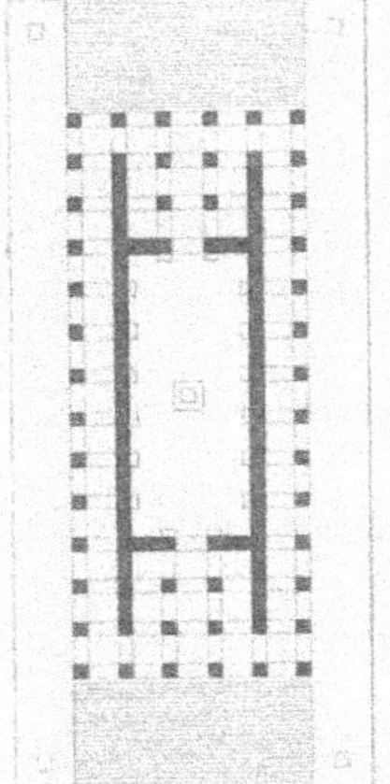

Temple à la Félicité Publique.

Élévation géométrale du Temple à la félicité publique par Durand et Thibault

Projet de Monument pour la place [illegible] à Paris, [illegible]
par J. Sobre dans un Concours public ouvert par le Gouvernement en l'an 8. [illegible]

TEMPLE DÉCADAIRE

[illegible] par Durand et Thibault dans un Concours [illegible]

[illegible]

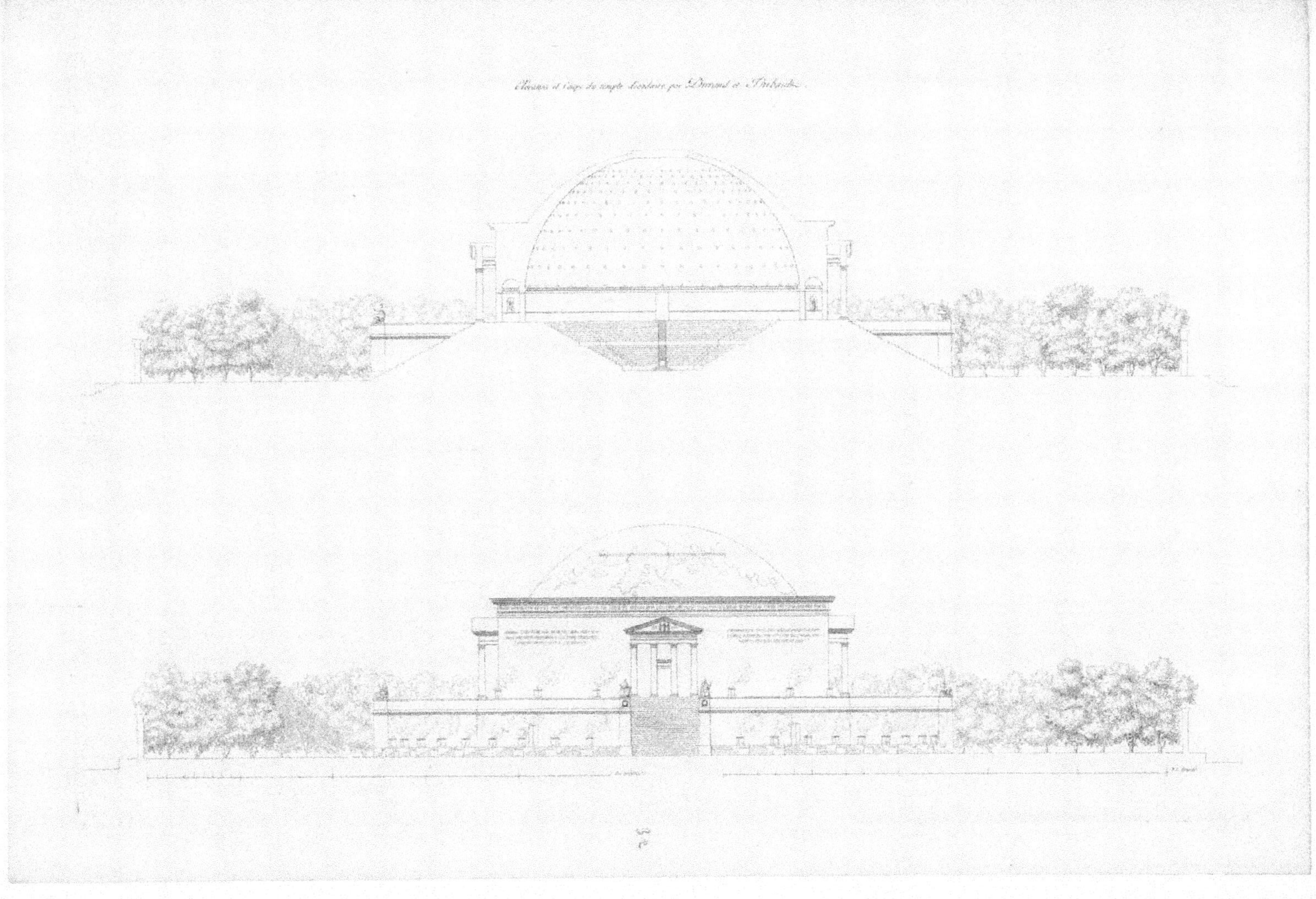

Élévation et Coupe du temple décadaire par Durand et Thibault.

32

Plan d'une Maison Commune ou Hôtel de Ville pour un chef lieu de Département

Prix obtenu par Durand et Thibault, dans un concours public proposé par le Gouvernement en l'an 2 – 179[illegible]

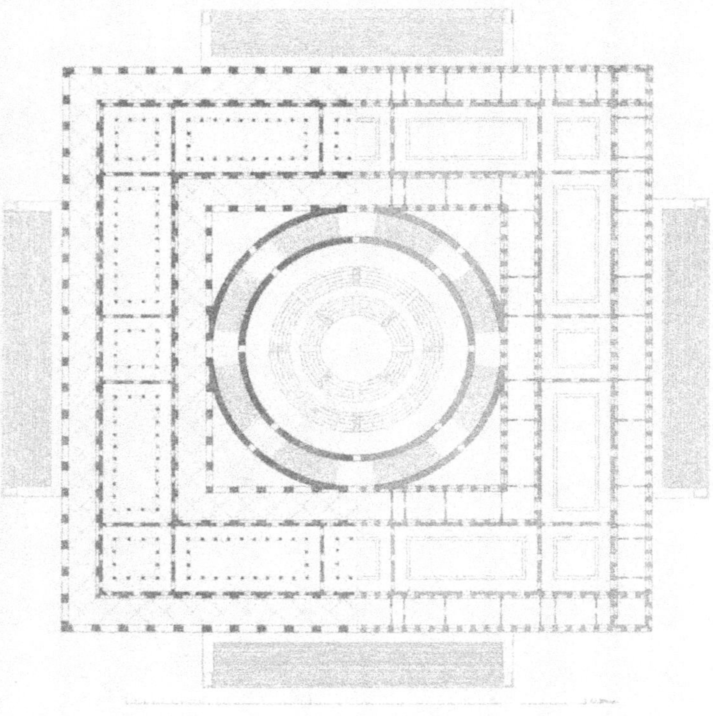

33

Coupe et Elévation de l'Hôtel de Ville par Durand à [illegible]

36

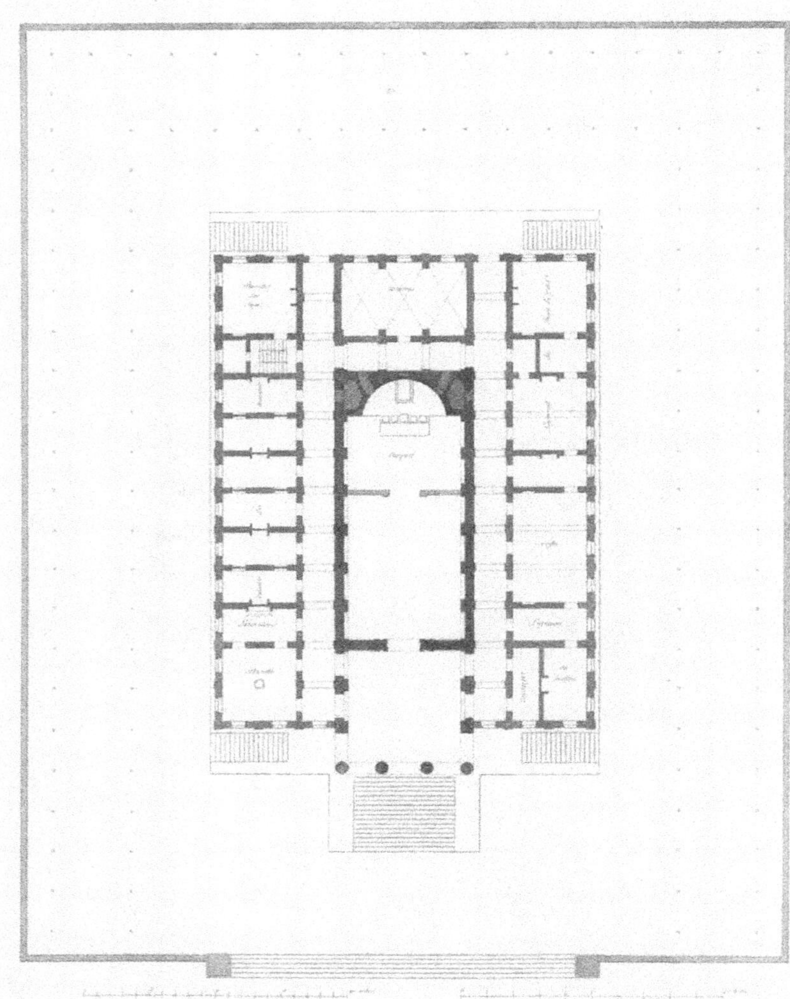

TRIBUNAL DE PAIX

A LA CONCORDE
JUSTICE DE PAIX

Élévation latérale et coupe sur la longueur du tribunal de paix par Barthélemy Vignon.

PRISON

sujet d'un prix proposé par le gouvernement dans un concours public et remporté par Détournelle en 1793 l'an 2 de la République.

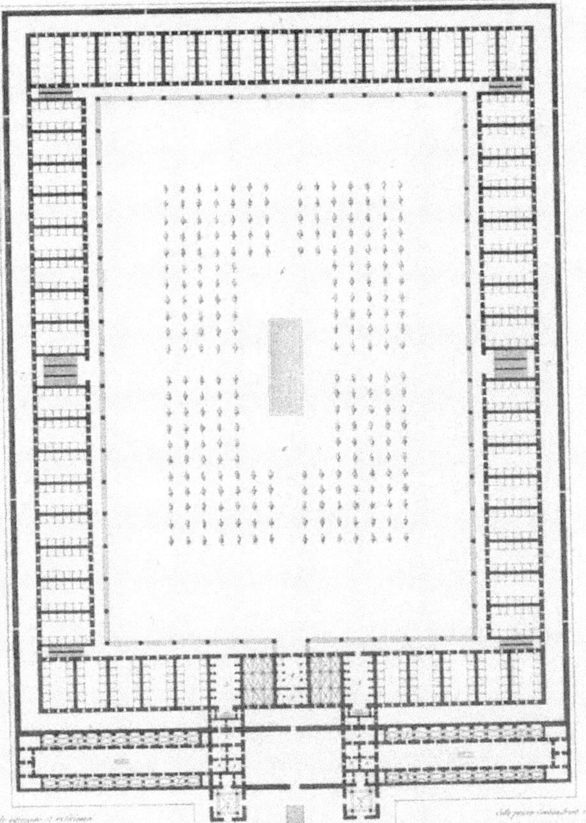

1. Corps de garde intérieure et extérieure
2. Logement des Concierges
3. Cuisine pour le service général
4. Les guichets précédés de deux cours
5. Salles des [illegible]
6. [illegible]

Cette prison contiendroit [illegible] au rez-de-chaussée, [illegible] au 1.er étage, [illegible] au 2.me [illegible].

Élévation et coupe de la Prison par [illegible]

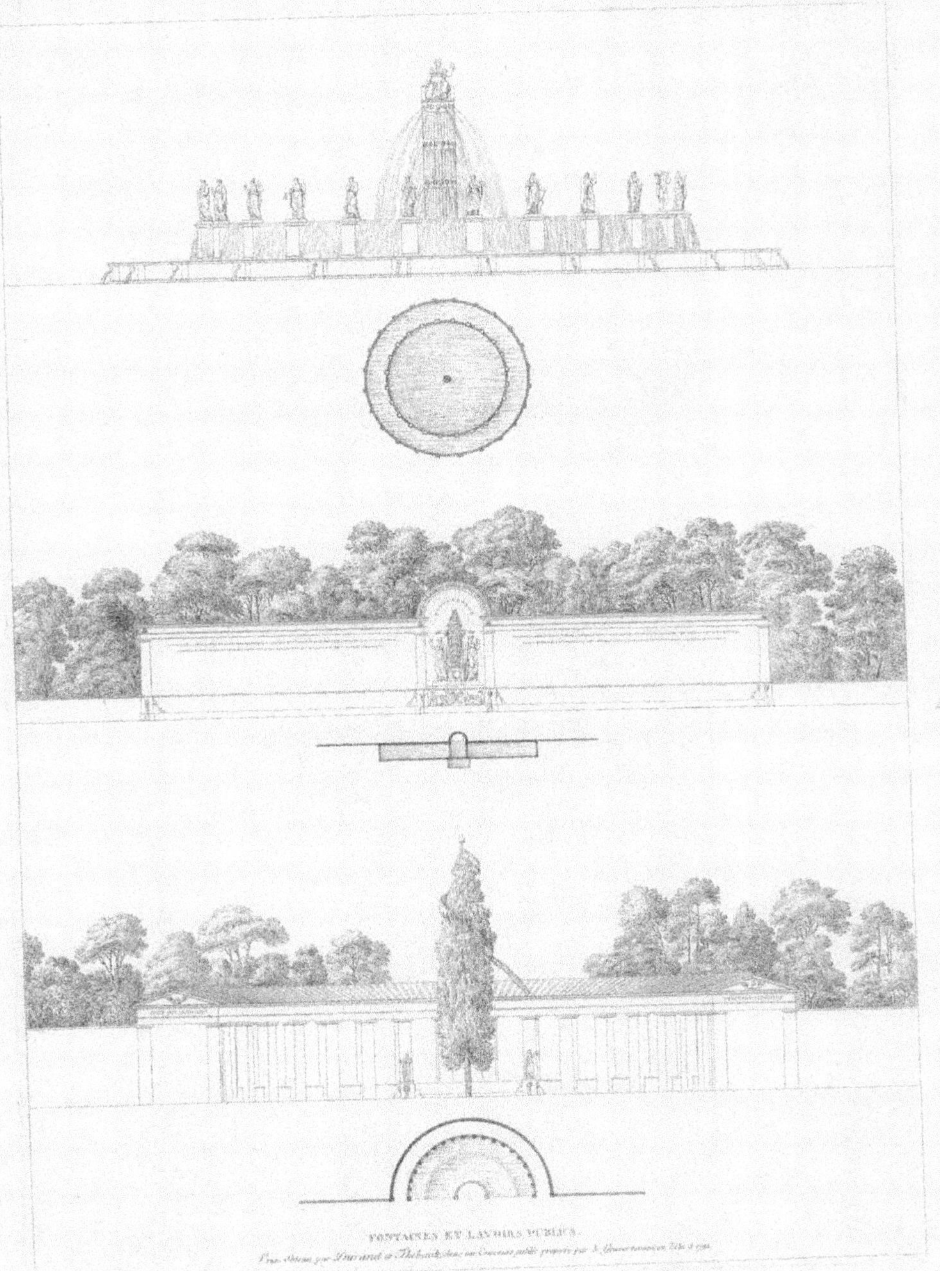

FONTAINES ET LAVOIRS PUBLICS.

Prix obtenu par Durand et Thibault, dans un Concours public proposé par l'Administration, l'an 2, 1794.

Arc de triomphe pour placer devant le pont de la concorde, projeté par Sobre
Lors du concours public proposé par le Gouvernement l'an [illegible]

MONUMENT À ÉRIGER SUR LA PLACE DES VICTOIRES.

Sujet d'un prix proposé par le Gouvernement et remporté par Fayette en 1796. ([illegible])

Plan du Monument et galeries Publiques projettées pour la place de la concorde, sujet d'un prix proposé par le Gouvernement et remporté par J. J. [illegible] en 1796 . l'An 4 de la République.

43

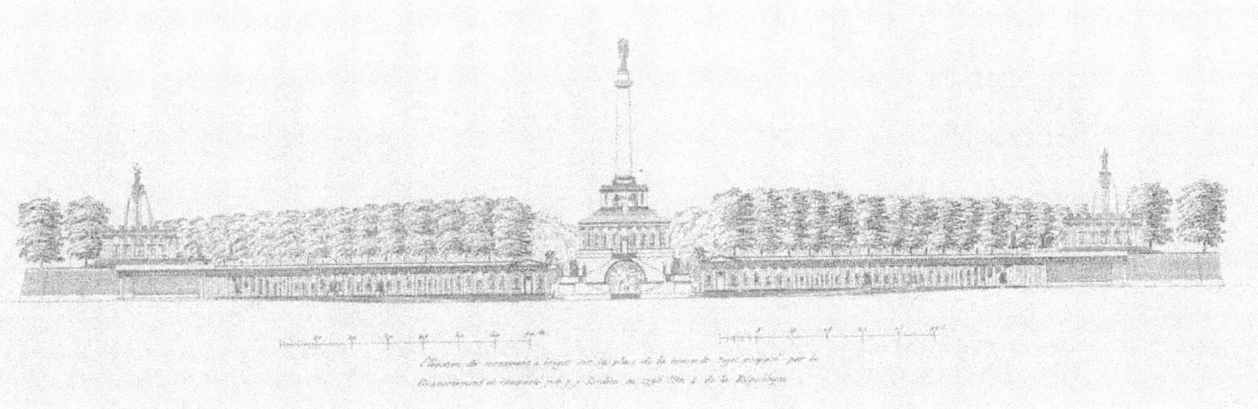

Élévation du monument à ériger sur la place de la Concorde, sujet proposé par le Gouvernement et composé par J. J. Dubois en 1796 l'an 4 de la République

GRENIER PUBLIC

Sujet du grand prix proposé par l'Institut National
Remporté par L. Dubut, en 1797. L'An 5 de la République

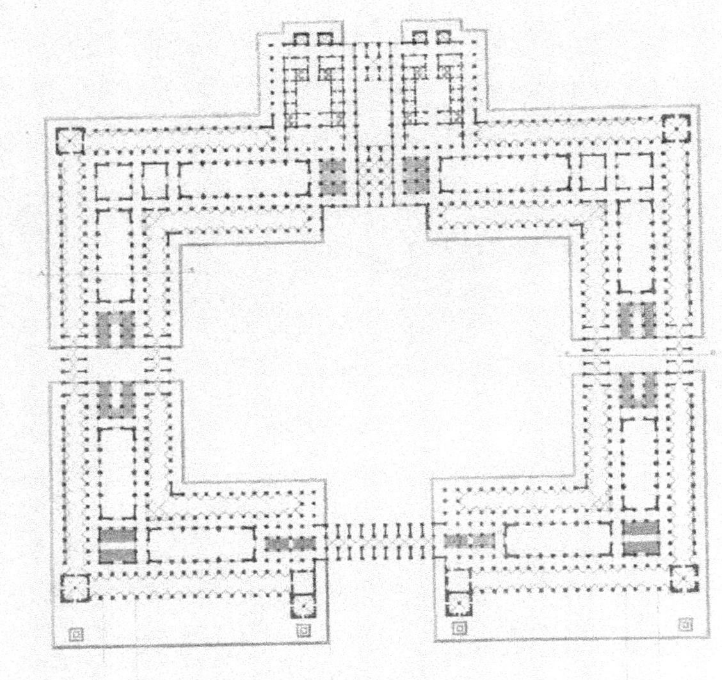

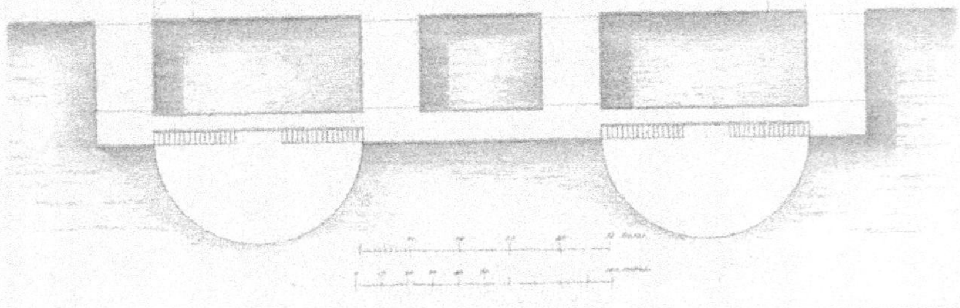

PROGRAMME

Cet édifice sera situé sur le bord d'une rivière, des accès devront être faciles tant pour l'arrivage par terre que pour le déchargement des grains qui viennent par eau. Il y aura, en outre, des logements pour les Administrateurs et les employés au service journalier, des corps de garde militaire et de pompiers. Le terrain n'excédera pas 100 toises dans sa plus grande dimension.

Plan au 1er étage du Grenier public, par Dubois.

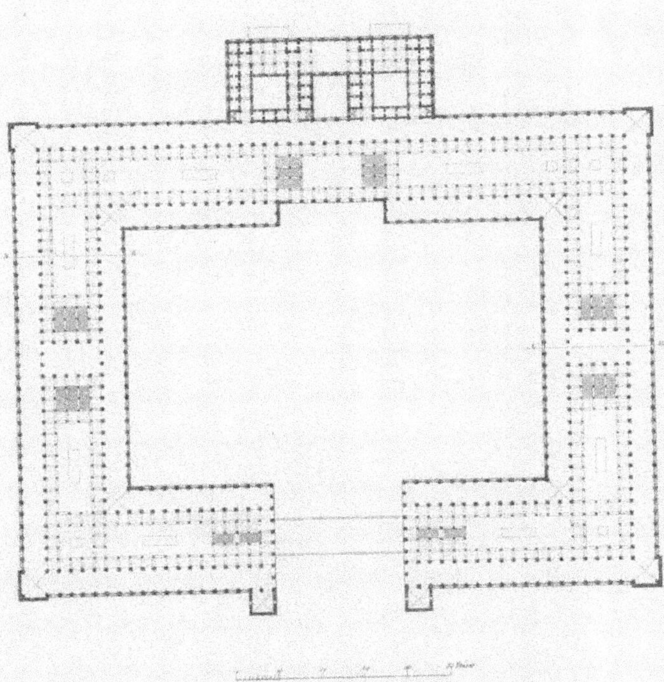

46

Élévation et coupe sur les lignes XX et YY des plans du projet de [illegible] publié par L. Dubois

17

GRENIER PUBLIC.

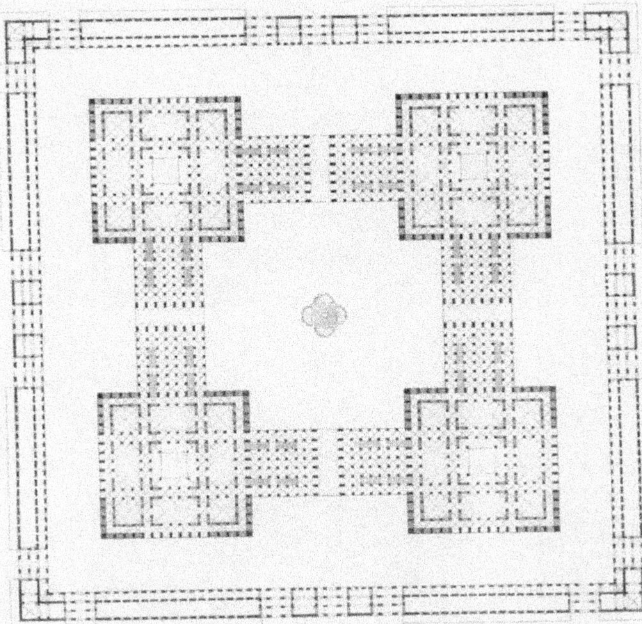

Plan au 1er Étage du Gymnase public par Canonica.

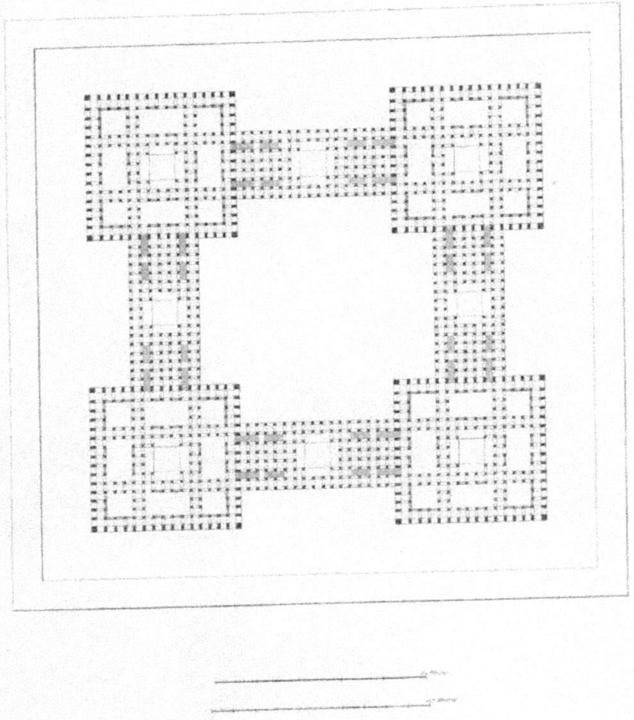

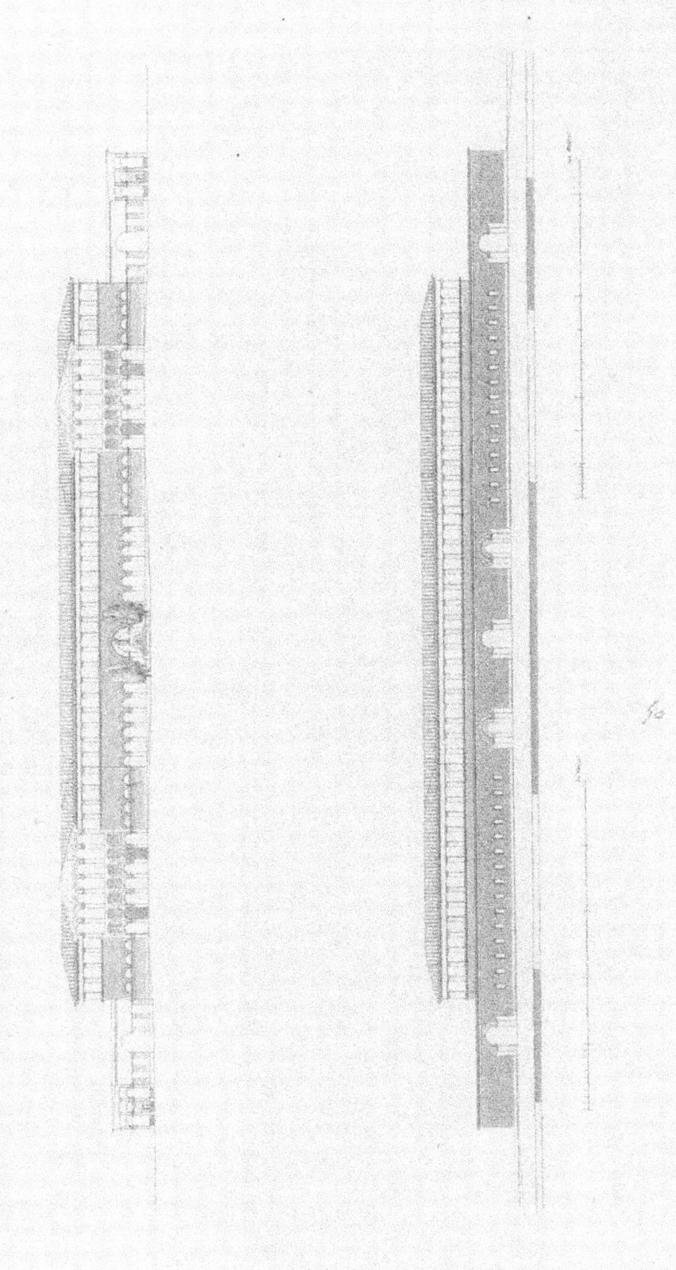

GRENIER PUBLIC.

3me Grand prix remporté par M. [illegible]

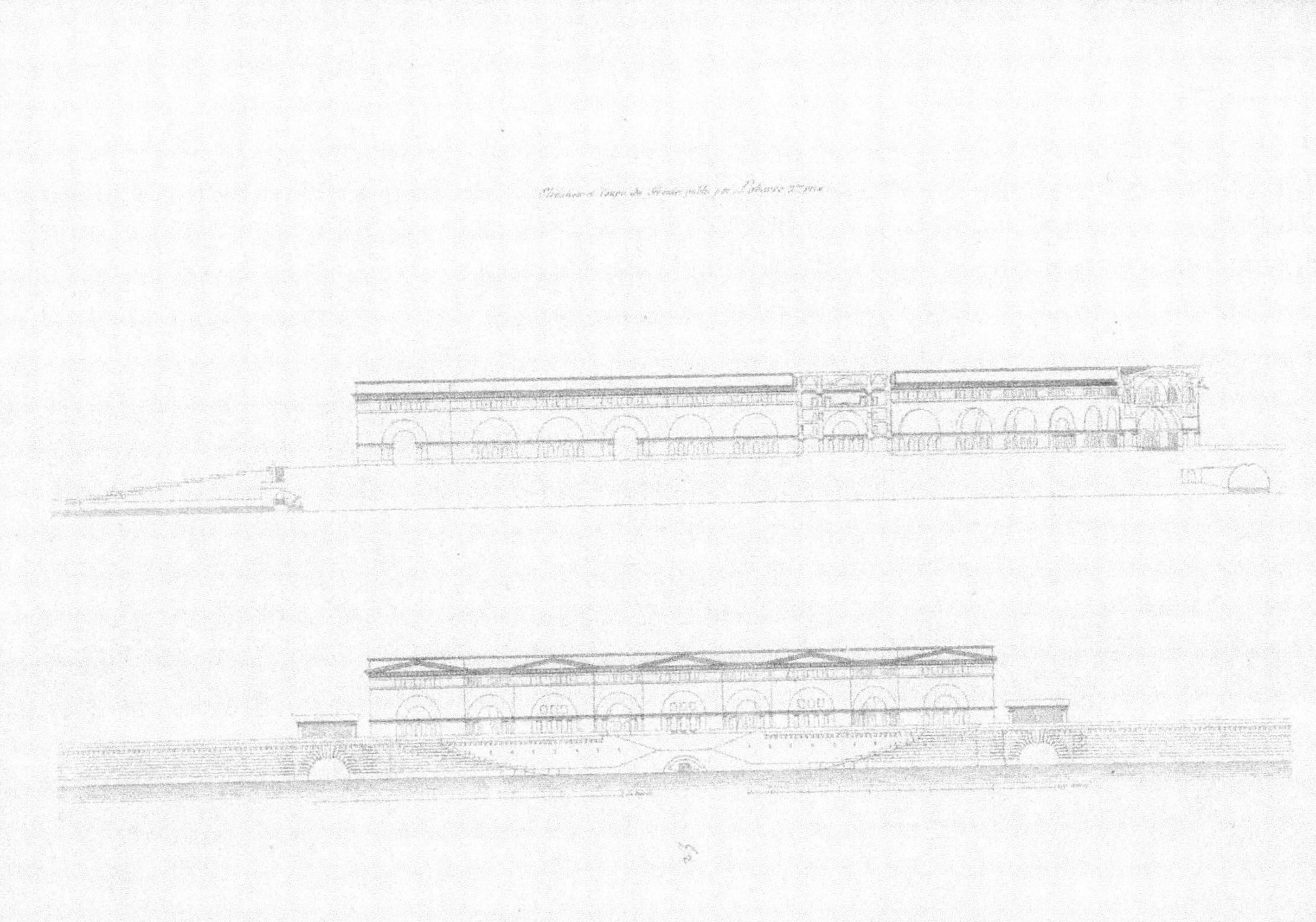

GRENIER PUBLIC

2me Grand prix remporté par Durand en 1797 — Plan

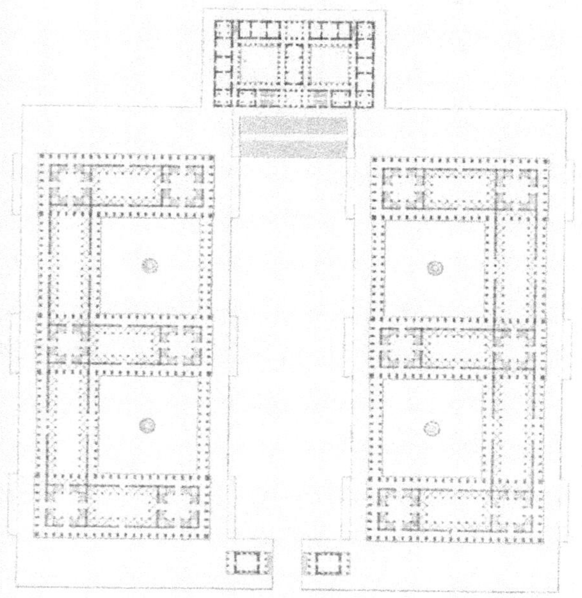

1.er Plan du Grenier public par Durand

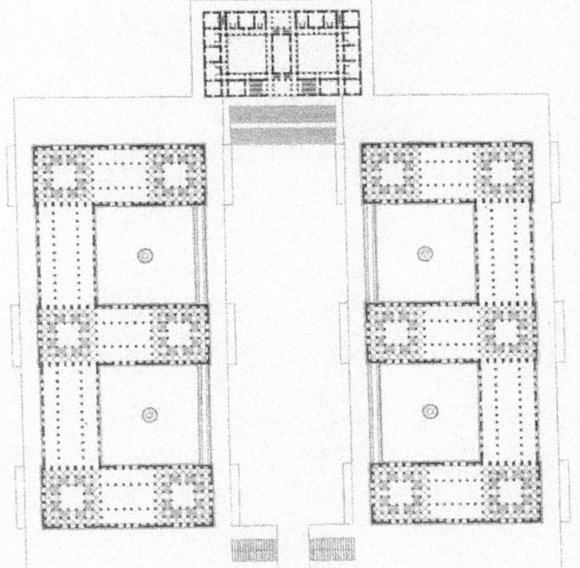

Coupe et Élévation du Grenier public par Durand.

PHARE.
PROGRAMME.

COLONNE A LA PAIX

Sujet d'un prix d'émulation sur Esquisse, Médaille obtenue par Alavoine, le 11 Pluviose an 6 30 Janvier 1798.

PROGRAMME

On propose pour prix d'émulation une colonne à la paix, sur la rive gauche du Rhin qui doit servir de limite à la France et à l'Allemagne. Les Concurrens donneront à cette l'Architecture qu'ils croiront convenable.

BOURSE MARITIME.

Sujet du grand prix proposé par l'Institut National et remporté par Clemence en 1798. An 6e de la République.

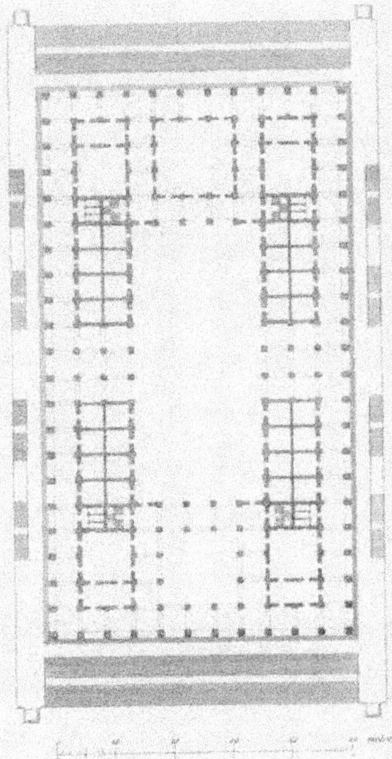

PROGRAME.

Cet Edifice comprendra a rez de chaussée une grande Salle pour la réunion des Négocians, un Vestibule dans le quel se tiendront les Gardes, une Salle pour les Opérations particulières des Agens de change. Il y aura en outre, des Bureaux, un logement de Concierge et un Corps de garde. L'Edifice sera au milieu d'une place et entouré de plantations d'Arbres. Il n'excèdera pas 400 mètres dans sa plus grande dimension.

Coupe et Élévation de la Bourse, par [illegible]

BOURSE MARITIME.

2.me grand prix remporté par Pompon en 1798. Liv. 6.

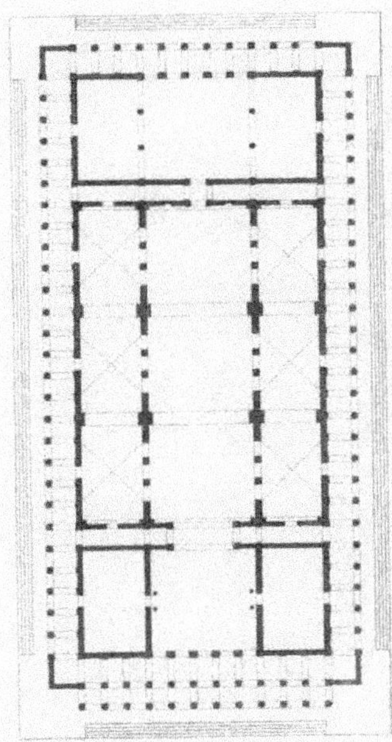

Coupe et Élévation de la Bourse par Vaudoyer 2e prix

61

www.ingramcontent.com/pod-product-compliance
Ingram Content Group UK Ltd.
Pitfield, Milton Keynes, MK11 3LW, UK
UKHW020956180726
13838UKWH00003B/1361